UNE USURPATION

DE LA NOBLESSE DE JEANNE D'ARC

EN NORMANDIE

(XVIIᵉ - XVIIIᵉ SIÈCLES)

par *Henry le Court*

I

On sait que, par lettres données à Meung-sur-Yèvre en décembre 1429, le roi Charles VII anoblissait Jeanne d'Arc, ses père et mère, ses frères, et toute leur parenté et lignage, tant en ligne masculine qu'en ligne féminine, privilège inouï qui donnait aux femmes le droit d'anoblir, à l'infini, et leurs maris et leurs enfants.

Mais on comprend fort bien qu'un pareil privilège qui multipliait prodigieusement le nombre des nobles, alors exempts d'impôts, ait été de bonne heure l'objet des attaques des agents du fisc.

Aussi dès 1550, fut-il d'abord restreint à ceux des collatéraux de la Pucelle qui vivaient noblement, puis, par un édit de 1614, complètement supprimé.

Toutefois, pendant ces deux siècles, de nombreuses alliances s'étaient produites dans la lignée et beaucoup de familles avaient ainsi acquis la noblesse.

Or, deux provinces de l'ancienne France paraissent alors posséder à peu près seules, des représentants du sang de Jeanne d'Arc : la Lorraine et la Normandie, la terre qui avait vu naître l'héroïne et celle qui avait contemplé son martyre, et encore de nos jours, dans l'une et dans l'autre, on les y retrouve nombreux.

C'est en Normandie, au diocèse de Lisieux, que se sont passés les curieux incidents qui vont faire l'objet de cette étude dont le seul mérite sera de faire connaître des faits à peu près ignorés jusqu'à ce jour.

Depuis qu'elle a été déclarée Vénérable, on s'occupe plus que jamais de Jeanne d'Arc ; en attendant qu'elle soit sur les autels, elle est déjà partout : dans l'art, dans la littérature, dans la poésie ; s'occuper de sa famille, c'est encore parler d'Elle, et c'est sous l'égide de son nom, à jamais glorieux et bientôt sacré, que nous plaçons les lignes qui vont suivre.

II

Rien de mieux établi, juridiquement parlant, que la noblesse des familles normandes « yssues et descendues » de Marie de Villebresme, femme de Me Jacques Le Fournier, receveur des tailles à Caen, puis baron de Tournebu (1).

(1) Marie de Villebresme était fille de François de Villebresme et de Jehanne Brachet ; le 21 juillet 1500, elle avait un fils qui avait prêté 20 écus d'or à son oncle Michel Laloyau, marchand à Blois ; cela reporte donc le mariage de Marie vers 1475 environ. (V. la brochure du Dr Garsonnin : *Marie de Villebresme appartient-elle à la famille de Jeanne d'Arc ? — 1905*).

Si, généalogiquement, l'origine certaine de Marie de Villebresme, « yssue et descendue », disent les arrêts de maintenue de ses descendants au XVIe siècle, « de la lignée de la Pucelle d'Orléans », n'a pu encore être établie, cette origine ne peut cependant laisser aucun doute dans l'esprit de qui réfléchit à l'âpreté de ceux qui, à cette époque percevaient les impôts.

Que Marie de Villebresme descende de Jacquemin d'Arc ou de son frère Pierre, « le chevalier du Lys », elle n'en a pas moins transmis à ses nombreux descendants, la noblesse de Jeanne d'Arc, et, tout porte à croire que son auteur était l'aîné de la lignée toute entière.

En effet, Charles du Lis, le plus ancien auteur qui se soit occupé spécialement du sujet qui nous intéresse, nous dit : « En Normandie où se trouve grand nombre de descendants du père et des frères de ladite Pucelle, l'un desquels est encore aujourd'hui gardien et dépositaire de l'original de ladite charte d'ennoblissement sain et entier (1). »

De plus, M. de Bras, le vieil historien normand, né en 1504, déclare avoir connu, « en sa jeunesse », Marie de Villebresme et Robert Le Fournier, son fils, et avoir « vu et lu » entre leurs mains la même charte (2).

Et plus d'un siècle après, en 1646, cette pièce se trouvait encore aux mains des branches normandes (3).

(1) *De l'extraction et parenté de la Pucelle d'Orléans*. Edition Vallet de Viriville, p. 4.

(2) *Recherches sur les ville et université de Caen*. Edition de 1833, p. 91.

(3) Archives du Calvados. Arrêt de maintenue de Robert Le Conte.

Quoi qu'il en soit, une nombreuse lignée descendit du mariage de Jacques Le Fournier avec Marie de Villebresme, et beaucoup de familles normandes sont issues de M{}^{mes} Morin, Du Chemin, Patris et Radulphe, leurs filles (1).

Ils eurent aussi trois fils dont deux seulement Robert I{}^{er}, baron de Tournebu et Charles Le Fournier, sieur de Bois-Thénon laissèrent postérité ; c'est du premier d'entre eux que nous allons nous occuper.

III

Robert I{}^{er} Le Fournier, baron de Tournebu, receveur des tailles à Caen, après son père et Nicolas, son frère aîné, laissa six enfants de son mariage avec Marie de Melissent, et mourut en 1557.

L'aîné des fils, Robert II, baron de Tournebu, mourut sans postérité ; celle de Jacques II, son frère, dont la mort tragique causa la ruine de sa maison, paraît s'être éteinte avec le XVI{}^{e} siècle ; il avait épousé Anne Le Valois d'Escoville, d'une famille lexovienne.

Quant aux quatre filles de Robert I{}^{er}, les deux aînées, Catherine et Marie Le Fournier, épousèrent l'une, M{}^e Jean I{}^{er} Baudouin, écuyer, sieur de Cingal, garde des sceaux de la vicomté de Falaise, et l'autre, Jean de Marguerye, écuyer, sieur de Sorteval, gentilhomme de la R. P. R. Marguerite, la quatrième, s'allia avec M{}^c Jean Beaullart, sieur

---

(1) La généalogie qui suit est tirée de notre manuscrit *Le Sang de Jeanne d'Arc en Normandie* comprenant actuellement 5 volumes in-4° de texte, 2 volumes de preuves, et retraçant l'histoire de près de 700 familles, toutes issues, des Le Fournier.

de Lébisey, aussi gentilhomme de la R. P. R. ; d'eux devait descendre l'illustre maison des comtes de Flers (1).

C'est d'Isabeau, 3ᵉ fille de Robert Le Fournier, que nous allons nous occuper, car c'est à une partie de sa descendance que se rattachent les faits qui nous intéressent.

Isabeau Le Fournier épousa par contrat du 1ᵉʳ avril 1549, déposé à Caen le 16 juin 1550, Jean d'Esquay, escuier, sieur de Rapilly, près Falaise.

Les pièces déposées au Cabinet des titres de la Bibliothèque Nationale disent que ce dernier fut anobli par sa femme ; c'est une erreur, car la famille d'Esquay, qui figure avec six degrés de génération à la recherche des élus de Bayeux en 1523, était noble d'ancienne race. Girard d'Esquay portant « *d'argent à un chevron de noir* », est inscrit au catalogue des Normands de la 1ʳᵉ croisade (2).

Trois filles héritières naquirent du mariage qui nous occupe :

Geneviève d'Esquay que nous allons retrouver ;

Préjente d'Esquay mariée à Robert de Fréval, escuier ;

Et Anne d'Esquay qui épousa Olivier de Guerville, escuier, sieur d'Esquay, et Michel III d'Aigneaux, escuier sieur de la Picanière.

L'une et l'autre ont laissé postérité.

Geneviève d'Esquay, l'aînée des trois sœurs,

(1) Par une anomalie singulière, vu l'origine de leur noblesse, les derniers barons de Tournebu et une grande partie de leurs collatéraux appartenaient à la religion protestante ; il en fut ainsi jusqu'à la fin du XVIᵉ siècle.

(2) *Histoire de Normandie* par du Moulin (Armorial.)

s'allia, par contrat du 20 août 1582, à Pierre de Gripel, escuier sieur de Perrigny, issu d'une noble famille du bocage normand ; leur fils, Jean de Gripel, escuier, habitait Flers en 1634 lors de la recherche de d'Aligre ; il était mort sans postérité lors de celle de 1666.

Mais ils avaient aussi une fille, Gabrielle de Gripel, qui épousa par contrat du 21 septembre 1609, devant les tabellions de Saint-Jean le Blanc en la vicomté de Vire, Jean Ier Douézy, sieur de Caumont, de la paroisse de Saint-Loup de Fribois, diocèse de Lisieux, qui se fixa ensuite en celle de Maizières, en l'élection de Falaise.

Nous ignorons l'origine de Jean Ier Douézy, son contrat de mariage ne nous étant connu que par la mention existant au Cabinet des titres, mais il fut certainement anobli par son mariage antérieur à l'édit de révocation de 1614 ; il était mort avant le 9 juillet 1653 (1).

Jean Ier Douézy avait été inquiété sur le fait de sa noblesse par les paroissiens de Maizières contre lesquels il avait obtenu gain de cause, après une longue procédure, par arrêt du 1er juillet 1651.

Après sa mort, ceux-ci reprirent cette instance contre les trois fils de Jean Ier : Louis Douézy, escuier sieur de Caumont, Jean II, escuier, sieur d'Ardennes, et Jacques 1er, escuier ; ce dernier mourut au siège d'Arras avant le 4 octobre 1654.

Enfin, Louis et Jean II Douézy obtinrent un arrêt de la cour des aides de Normandie du 17 juil-

---

(1) Tout ce qui précède est titré des pièces du Cabinet des titres, Nouveau d'Hozier, 119, dossier Douézy, relatives aux lettres de 1720 dont nous parlerons plus loin, et de nos notes personnelles sur les collatéraux de Jeanne d'Arc.

let 1655 qui an éantit définitivement les prétentions des paroissiens de Maizières.

Par cet arrêt contenant toute la généalogie des défendeurs depuis Robert Ier Le Fournier et Marie de Melissent, avec indication des pièces qui précèdent, ils furent maintenus dans leur noblesse utérine de la lignée de Jeanne d'Arc.

Ajoutons que par un nouvel arrêt du conseil du Roi, rendu le 3 mars 1667, après la recherche de de Marle, Louis et Jean II Douézy furent encore maintenus nobles et portaient pour armes celles concédées par Charles VII à la Pucelle et à ses collatéraux (1).

Peu de temps après, Louis, qui habitait Saint-Loup de Fribois, était mort sans enfants, et Jean II, qui habitait toujours Maizières, avait épousé Elisabeth Pluet ; ils y furent inhumés dans l'église, lui à 66 ans, le 7 février 1689, et elle, le 5 mai 1723, à 85 ans (2).

Ils eurent plusieurs enfants, tous baptisés à Maizières, parmi lesquels Jacques II Douézy, escuier, sieur d'Ardennes et de Caumont, inhumé à 74 ans en l'église de Messey, élection de Domfront, le 14 avril 1731, paraît seul avoir laissé, de son mariage avec Charlotte Clopied, une postérité qui existe encore en ligne féminine.

(1) *Traité de la noblesse*, par de la Roque.
Cet arrêt était commun aux frères Douézy et à Philippe Baratte sieur des Vergnettes leur cousin, issu des collatéraux de Jeanne d'Arc par les Baudouin de Cingal.

(2) Etat-civil de Maizières, extraits aux archives de Lierremont.

IV

C'est la qualité de Jean II Douézy, fils de Jean Ier, escuier, sieur de Caumont, et de Gabrielle de Gripel, et par suite sa qualité de noble du chef de Jeanne d'Arc, qui fut usurpée dès 1640 par un homonyme dont jusqu'alors nous n'avons pu établir la parenté avec lui, mais qui n'appartenait certainement pas à la descendance féminine des Le Fournier (1).

Voici les faits.

Par contrat passé devant les tabellions du Merlerault, diocèse de Lisieux, le 5 juillet 1340, Jean Douézy épousait Jeanne Billard, fille de messire Lucas, escuier sieur de la Beschetière, conseiller et lieutenant général en l'élection d'Alençon, et de Jacquette Bougis.

Dans cet acte, il prenait les qualités d'écuyer, sieur d'Ardennes, fils de feu Jean Douézy (2), et de Gabrielle de Gripel.

Malgré cette usurpation qui ne paraît pas avoir été connue du vrai Jean II Douézy, l'autre Jean Douézy qui habita successivement les paroisses de Nonant et de Carnette, diocèse de Lisieux, ne réclama pas couramment la qualité de noble ; on le voit au contraire imposé au rôle des tailles de ces deux paroisses ; il exerçait, en 1657, la charge d'huissier de la bouche de Monseigneur le duc d'Orléans.

(1) Tout ce qui suit est tiré du Cabinet des Titres, Nouveau d'Hozier, 119.

(2) On a vu plus haut que le vrai Jean Douézy vivait encore en 1651.

De plus, ce faux Jean Douézy fut inhumé en l'église de Carnette, le 1ᵉʳ février 1700 à l'âge de 80 ans, sans aucune qualification nobiliaire; Jeanne Billard, sa femme, l'avait précédé dans la tombe.

Mais ils laissaient un fils unique, Paul Douézy, sieur de la Couture, baptisé à Carnette le 16 décembre 1666, qui devint valet de chambre de la Duchesse d'Orléans douairière, et épousa à Carnette, le 18 novembre 1700, Elisabette Le Marchand.

C'est ce Paul Douézy qui obtint des lettres de relief de dérogeance, signées du roi Louis XV, en date du 27 janvier 1720 (1).

Dans ces lettres, il est indiqué fils de Jean Douézy (2) et de Jeanne Billard, petit-fils d'autre Jean Douézy et de Gabrielle de Gripel etc., et on y rappelle ensuite toute la généalogie indiquée plus haut, et qui était celle du véritable Jean II Douézy, pour relever l'impétrant d'une dérogeance que ni lui, ni son père n'avaient jamais pu encourir, n'ayant, ni l'un ni l'autre, possédé la qualité d'écuyer.

Mais Paul Douézy étant mort avant l'enregistrement des lettres ainsi obtenues en la cour des aides de Normandie, sa veuve et leurs enfants se virent contester leur nouvelle qualité par les paroissiens de Carnette qui furent tout d'abord dé-

(1) Il figure à l'Armorial de 1696 (Alençon, blasons coloriés, f⁰ 451, n⁰ 73), ayant porté pour armes : *d'azur à 6 macles d'or, 3, 2 et 1.*

(2) Ce Jean Douézy paraît être fils de Louis, sieur de la Couture, marié par contrat du 21 septembre 1601 à Anne des Buats qui était mort le 17 juillet 1638, et avait eu pour frère ou pour fils aîné Daniel Douésy, sieur de la Genevraye, y demeurant, condamné par de Marle en 1666 comme usurpateur. (Archives de Lierremont).

boutés de leur opposition par deux arrêts des élus d'Alençon, des 25 mai 1731 et 30 août 1738, dans le premier desquels il est dit « que les héritiers Douézy jouiront, ainsi que leurs descendants en ligne masculine, des droits et privilèges de noblesse, comme descendus de la Pucelle d'Orléans ».

Nous ignorons ce qui se passa à la suite de cette décision, et si, comme c'est fort probable, les habitants de Carnette apprirent l'existence des descendants du véritable Jean II Douézy, et leur firent appel pour obtenir les renseignements qui leur manquaient, mais le 2 mars 1741 intervint un arrêt de la cour des aides de Rouen qui détruisait cette fois complètement les prétention des Douézy de la Couture.

Voici d'ailleurs le texte de cet arrêt qui permet de juger parfaitement la nature de ces prétentions, et les moyens invoqués victorieusement par les paroissiens de Carnette pour la détruire :

« Louis par la grâce de Dieu, roi de France et de Navarre.

« A tous ceux qui ces présentes lettres verront salut, comme ce jourd'huy date des présentes, procès étoit cy devant pendant et indécis en notre cour des comptes, aydes et finances de Normandie entre les habitants en général de la paroisse de Carnette, appelans de sentence rendue par les officiers de l'élection d'Alençon au siège de Séez, le 30 aoust 1738, demandeurs en contestation de noblesse d'une part ; le sieur Adrien-Paul Douézy de la Couture intimé aud. appel, défendeur en lad. contestation, d'autre part.

(Ici l'historique de l'affaire, preuve par les actes de l'état-civil de Maizières et de Messey que les lettres de réhabilitation obtenues par Paul Douézy, sieur de la Couture, père du défendeur, le 27 janvier 1720, comme descendu des Le Fournier par les d'Esquay et les de Gripel, sont subreptives, obreptives et accordées en une fausse généalogie, en ce qu'il s'est dit descendre de Jean Doisy (*sic*), escuier, sieur d'Ardaine et de damoiselle Jeanne Billard, qu'il est bien vrai qu'il est descendu de Jeanne Billard, mais que ladite damoiselle n'était point la femme dudit Jean Doisy, sieur d'Ardenne, puisqu'il avait épousé une demoiselle Elisabeth Plus (*sic*), et si ladite damoiselle Billard avait épousé un Jean Doisy, c'est Jean Doisy, aïeul dudit Paul, ce n'est pas Jean Doisy, écuyer, sieur d'Ardennes, duquel ledit sieur Doisy s'est mal à propos fait descendre, au lieu de Jean Doisy qui avait épousé ladite Billard, et qui a toujours payé la taille, tant dans la paroisse de Nonant que dans celle de Carnette).

« Et faisant droit nostre dite Cour sur la contestation de noblesse, a dit à bonne cause en icelle contestation, quoy faisant, sans s'arrêter à l'arrest du 4 février 1730 (1), a déclaré les lettres de relief de dérogeance et d'obmission de la qualité d'escuyer obtenues par le père de l'intimé, obreptices et subreptices, et condamné ledit Doisy intimé en cent livres d'amende envers nous, en 2000 livres d'intérêts envers les dits habitants de la paroisse de Carnette, et aux dépens des causes principale et d'appel.

(1) Cet arrêt avait ordonné la radiation d'Adrien-Paul Doisy et consorts de la liste des imposés à la taille de la paroisse de Carnette; son texte figure dans l'exposé de celui de 1741.

« Donné à Rouen en nostre dite Cour, au bureau des Aidès, le 2me jour de mars 1741, et de nostre règne le 26me.

« Dans la Cour des Aydes et Finances, colla-tionné. (Signé) du Mesnil avec paraphe.

« Scellé le deux mars mil sept cent quarante-et-un (1). »

Tel fut le résultat de cette audacieuse tentative d'usurpation de noblesse qui forme un épisode intéressant de l'histoire de la lignée de Jeanne d'Arc en Normandie, et méritait à ce titre de n'être pas complètement oubliée.

C^r Henry Le Court.

Lierremont, Trouville-sur-Mer, décembre 1906.

(1) Dans les pièces du Nouveau d'Hozier 119 d'où nous avons tiré ce qui précède, se trouve une requête au Conseil d'État de 1746, adressée par Adrien-Paul Douésy contre l'arrêt de 1741, ce qui ne paraît avoir eu, comme de juste, aucun résultat.

Cet Adrien-Paul Douésy, sieur de la Couture, fils de Paul, était, dès 1742, conseiller secrétaire du Roi à la cour des aides de Montauban ; il obtint, le 11 décembre de cette année, dispense des bans pour son mariage avec Pauline-Emilie-Félicité Labbey de Montgial, de la paroisse Saint-Louis de Versailles (Insinuations du diocèse de Lisieux, t. III, p. 381).